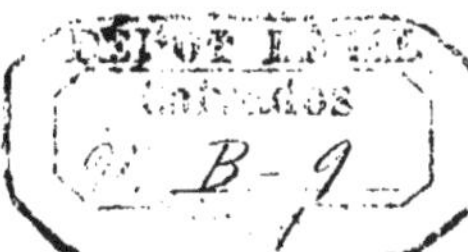

NOTES

ÉTHNOGRAPHIQUES

PAR

M. E. EUDES-DESLONGCHAMPS

1er Article

NOTE

SUR

LA COLLECTION ETHNOGRAPHIQUE

DU MUSÉE DE CAEN

ET SUR

DEUX HACHES EN PIERRE POLIE

PROVENANT DE LA COLOMBIE

Par M. E. EUDES-DESLONGCHAMPS

La partie ethnographique du Musée de Caen, organisée depuis trois ans seulement, forme déjà un ensemble très-important. On y remarque, en première ligne, les collections recueillies en Océanie, par Dumont-d'Urville, et, plus récemment, par MM. Vieillard et E. Deplanches.

Pendant longues années, cette partie spéciale de nos richesses n'avait, pour ainsi dire, point vu le jour. Elle était restée, faute de place, dans des caisses ou dans les magasins de la Faculté des sciences. Il en était de même d'une quantité considérable de crânes humains, provenant de diverses régions du globe.

Je me décidai, en 1877, à la faire sortir de son obscurité. On préparait alors l'Exposition universelle, qui eut lieu l'année suivante. M. Hamy, qui venait d'étudier les éléments ethnographiques de notre Musée, m'engagea, avec instances, à envoyer tout notre matériel, pour figurer dans les galeries du Trocadéro. En vue de me décider, il me promettait son concours et s'engageait à nous compléter, au moyen des doubles du Muséum, les parties dont les lacunes étaient les plus graves. Après bien des hésitations, j'acceptai l'offre et je me mis en devoir d'établir un peu d'ordre dans ces collections, abandonnées depuis si longtemps et qui commençaient à se détériorer, faute de soins convenables.

L'entreprise n'était pas petite. Il fallait que tout fût prêt en quelques mois, et les magasins de la Faculté représentaient assez bien alors une succursale des écuries d'Augias. Je fis une revue complète de toutes nos richesses. C'était un fouillis insensé, où des crânes de toute provenance, des armes et ustensiles de toute nature et de tous pays, se rencontraient avec des silex taillés, avec des instruments de musique sauvage. Plusieurs milliers d'objets à trier et à remettre en état : tel était le bilan ! Je me mis activement et résolûment à la besogne ; mais comme il arrive toujours en pareil cas, lorsqu'on fait semblable inventaire, la première chose qui m'apparut fut l'absence complète d'homogénéité de ces collections.

Telles séries étaient assez complètes : la Nouvelle-Calédonie, les Tonga, la Nouvelle-Zélande même ; mais d'autres étaient d'une pauvreté désespérante : presque rien d'Afrique, peu de chose d'Amérique, rien de l'Asie. Quelques acquisitions me permirent de compléter le groupe des Marquises, celui de la Nouvelle-Guinée et des Carolines. La région océanienne devint présentable. C'est cette partie seule, que je me décidai à faire figurer dans l'exposition du Trocadéro.

Je ne pus cependant pas, comme je l'aurais désiré, présenter cette collection dans son ensemble. Les galeries du

Trocadéro n'admettaient que les objets se rapportant à l'histoire de l'art, c'est-à-dire l'ethnographie proprement dite. L'anthropologie fut reléguée dans une immense annexe, où notre collection de crânes vint prendre place, grâce à l'intervention de MM. de Mortillet et Topinard. Bien que partagé en deux, le matériel exposé par le Musée de Caen fut cependant bien accueilli du public, et chacun des deux tronçons eut sa part d'intérêt.

Somme toute, et malgré ces petits inconvénients, il en résulta divers avantages. Cette collection sortit de son obscurité, elle appela l'attention et la bienveillance des visiteurs. Cela nous valut enfin des dons précieux, qui comblèrent une partie des vides les plus importants. Aussi, lorsque l'Exposition universelle fut terminée, notre contingent nous revint-il bien apprécié et considérablement augmenté. Au lieu de diminuer, comme il arrive parfois au retour d'expositions, il avait grossi. Les séries d'Otaïti, de la Nouvelle-Zélande et surtout des Marquises, avaient presque doublé, quand elles reprirent place dans le Musée de Caen.

Encouragé par ce succès, je me décidai à leur donner, coûte que coûte, entrée définitive dans nos galeries. De graves embarras se présentaient. Il fallait non-seulement trouver la place nécessaire; mais encore, et c'était là une grosse difficulté, il nous fallait des crédits, et, certes, le Pactole ne roulait pas dans nos galeries. Tant bien que mal, j'en suis venu à bout. Quelques dettes furent contractées, il est vrai; mais le Ministère de l'Instruction publique et la ville de Caen voulurent bien fermer les yeux sur mes petites, je dirai même sur mes grosses irrégularités administratives. Je reçus quelques reproches, que j'avais bien mérités; mais le but était obtenu, et l'on me sut gré, en définitive, d'avoir créé les collections ethnographiques de la Faculté des sciences.

Il est question d'établir, en province, plusieurs chaires d'anthropologie. Espérons qu'une des premières créées sera pour la ville de Caen. L'aménagement pourra s'y produire bien plus facilement que dans mainte autre ville. On n'aura pas à former une collection anthropologique. Celle-ci est toute faite et prête à être utilisée ; elle attend son titulaire.

Est-ce à dire que cette collection soit irréprochable ? Loin de moi cette prétention. Elle est, au contraire, remplie de défauts. Elle est loin d'être complète ; certaines régions sont à peine représentées, d'autres pas du tout ; ce qui a trait surtout aux anciennes civilisations est à peine ébauché. De plus, sa distribution est si déplorable, qu'on ne peut y voir aucun lien, aucune suite. On a dû en placer dans toutes les salles, dans tous les coins ; il a fallu utiliser les plus petites parcelles de murailles, qui restaient vides, et jusqu'aux piliers des salles, jusqu'aux parements des fenêtres. La collection des crânes a dû être séparée du reste ; elle est aussi un peu partout. Quant à pouvoir en étudier les détails, il n'y faut pas songer : des séries entières sont hors de portée et dans des points obscurs. La collection anthropologique existe donc ; on peut, à la rigueur, en détailler, par la pensée, les diverses parties ; mais on ne peut se rendre un compte exact de l'ensemble, ni en suivre les divers rapports.

Lorsque les nouveaux bâtiments proposés pour l'agrandissement du local des Facultés seront terminés, il n'en sera plus ainsi. Une place spéciale, parfaitement appropriée, au point de vue des jours, lui est réservée, et on pourra suivre, âge par âge et région par région, tous les changements qui se sont produits pour l'espèce humaine et dans l'espace et dans le temps. Ce sera certainement l'une des parties les plus intéressantes et des plus appréciées de nos galeries.

La collection a été rangée par régions et par époques.

I. — RÉGION EUROPÉENNE.

Environ cinquante crânes ou moulages représentent la série anthropologique proprement dite.

Parmi les plus importants, nous devons signaler deux crânes très-anciens trouvés aux environs de Caen, dans la partie la plus profonde des alluvions de l'Orne. Ces deux crânes sont assez complets pour qu'on puisse juger des formes générales de l'ensemble. Le premier et le plus intéressant a été trouvé tout à fait au fond des alluvions de l'Orne, lorsqu'on a dû creuser profondément, pour poser les premières assises soutenant les arches du pont de Vaucelles. M. Hamy a donné une notice intéressante à ce sujet, mais sans figurer la pièce qui en fait l'objet (1). Ce crâne dolichocéphale, offrant des caractères semblables à ceux des beaux types des anciennes cavernes du Périgord, est considéré, par M. Hamy, comme appartenant à l'époque néolithique.

Le second a été recueilli récemment, en face du camp romain de Bénouville, au point dit le Maresquet. Il a été ramené par la drague, dans les travaux exécutés pour l'appro-

(1) Bien que M. Hamy pense que les deux crânes trouvés au pont de Vaucelles et au Maresquet appartiennent à la période néolithique, la profondeur considérable à laquelle ont été trouvés ces crânes, surtout le premier, nous fait penser qu'ils sont d'une période plus ancienne. Les éléments grossiers de l'alluvion prouvent que le lit de l'Orne n'était pas encore établi, lorsque ce crâne a été enfoui, que le sol de la ville de Caen faisait partie alors d'un vaste estuaire, et que la mer battait sur les rives des coteaux de St-Julien et de Vaucelles.

Notes pour servir à l'anthropologie préhistorique de la Normandie par M. E.-T. Hamy (Extrait du *Bulletin* de la Société d'anthropologie de Paris, 1878-1879).

fondissement du canal de Caen à la mer. M. Boreux, ingénieur en chef, chargé de ces travaux, a bien voulu en faire don au Musée, en y joignant des ossements de grands cétacés qui ont été trouvés au même point. Ce crâne a une forme arrondie et courte, très-particulière. Il est, en ce moment, soumis à M. Hamy, qui doit faire un rapport à ce sujet.

Un moulage du crâne paléolithique de Neauderthal.

Un moulage de celui du petit Quevilly, près Rouen.

Deux moulages de têtes brachycéphales de Solutré, donnés par M. de Ferry, avec un certain nombre de débris de la même localité donnés par le Musée de Lyon et consistant en dix fragments de crâne, une clavicule, un cubitus, une vertèbre.

Un moulage du crâne d'Engis (type dolichocéphale), donné par le Muséum de Paris.

1° Période paléolithique.

Les pièces ethnographiques se rapportant à la période paléolitique, ou de la pierre taillée et non polie, ont été disposées, par rang d'ancienneté, dans une série de vitrines occupant le milieu de la grande salle de zoologie.

La première vitrine comprend, au nombre de vingt-cinq pièces, des types analogues à ceux de St-Acheul et provenant de diverses localités. On y remarque une hache en amande de St-Acheul, une autre très-grossière, recueillie à Évrecy (Calvados), trois haches de forme arrondie, en grès (Morbihan), données par M. de Limur, quatorze pièces du grand Pressigny, très-remarquables par leur grande taille, offertes par M. de Rochebrune.

La deuxième subdivision comprend la période Solutréenne. Avec les crânes ou moulages de crânes, dont nous avons déjà fait mention, sont disposés dans cette vitrine vingt-huit silex taillés en éclats, couteaux, ou débris de haches; puis de nombreux ossements de divers animaux, particulièrement de renne; un fragment de roche renfermant des ossements et des silex ; enfin des débris de roches, d'os brisés pour en extraire la moelle, de bois et de cailloux ayant subi l'action du feu (débris de cuisine); ces diverses pièces proviennent toutes de Solutré et ont été données, soit par M. de Ferry, soit par le Muséum de Lyon.

Viennent ensuite deux vitrines comprenant plus de 200 pièces, soit naturelles, soit moulages, provenant de diverses cavernes du Périgord : les Eyzies, le Moustier, la Magdeleine, Laugerie, haute et basse, Gourdan, etc., etc., dont la plupart ont été données au musée par notre célèbre paléontologiste, M. Lartet. Nous y trouvons :

Un gros fragment de roche stalagmitaire avec cailloux roulés, ossements divers et silex taillés (caverne des Eyzies, don de M. Lartet).

Plus de cent silex, couteaux et éclats de la caverne du Mas d'Azil, donnés par M. Filhol.

Sept silex taillés de la caverne du Moustier, dix-huit silex de la caverne des Eyzies, quatre silex de Chatel-Perron, trois d'Aurignac, avec un fragment de dent de *rhinocéros tichorhinus*, dents de bouquetin et dent de *felis spælea*, marquée d'une strie, objets donnés par M. Lartet.

La seconde de ces deux vitrines est entièrement consacrée à la caverne de la Magdeleine; elle renferme dix-huit silex taillés, un certain nombre d'os de renne, brisés, pour en extraire la moelle, deux fragments de cornes de renne, avec traces de sciage, treize poinçons ou autres outils, fabriqués en bois de renne et enfin cinquante-un moulages. Le tout provient également d'un don de M. E. Lartet.

De Laugerie basse, nous comptons neuf silex taillés, puis

30 moulages, et enfin des ossements de rennes donnés par M. Lartet.

Nous devons une mention spéciale à une petite série fort intéressante, composée de pièces naturelles, comprenant une cinquantaine de silex taillés, principalement des couteaux de petite taille, cinq harpons ou poinçons; enfin quatre aiguilles en bois de renne. Toutes ces pièces proviennent de la caverne de Gourdan et ont été données par M. E. Piette, à qui l'on doit les fouilles faites dans cette localité. Ces pièces se recommandent surtout par la belle exécution des dessins gravés par l'homme préhistorique, sur des os de renne, des ardoises ou d'autres roches.

Dans la même vitrine se voient de nombreux silex taillés; 60 environ provenant de l'atelier du St-Quentin, autrement dit la Brèche-au-Diable, près Falaise (Calvados), consistant principalement en couteaux et en grattoirs, dont quelques-uns offrent des tranches à retouches assez soignées. Cet atelier, découvert par M. Costard, est d'une date fort incertaine. Cependant, eu égard à la forme des couteaux et des grattoirs, qui se rapprochent assez de la forme du Moustier, on a pensé que sa date était relativement fort ancienne et devait remonter à la période paléolithique; les objets qui font partie de cette station ont été donnés, partie par M. Costard, partie par M. Eug. Deslongchamps.

2° Période indéterminée, probablement néolithique.

La vitrine suivante renferme trente-quatre silex taillés, provenant de la station d'Olendon, près Falaise (Calvados), découverte également par M. Costard. J'ai donné sur cette station, qui fut évidemment un atelier de fabrication, une notice qui a été imprimée dans les *Mémoires* de la Société des Antiquaires de Normandie. L'époque de cet atelier est incertaine. Toutefois, la présence de quelques débris de haches polies a fait présumer qu'elle appartenait à l'époque celtique proprement dite ou néolithique, et que cette énorme accumulation de débris provenait d'un atelier où l'on se contentait de tailler les pierres et où l'on n'avait abandonné que les pièces de rebut. Toutes ces haches sont en effet à peine ébauchées, et celles dont la retouche a été plus soignée sont en débris plus ou moins mutilés. Avec ces haches et éclats, se sont rencontrés de nombreux percuteurs et autres objets, dont l'emploi est très-incertain.

Il est facile de prouver que ces deux ateliers non-seulement datent de deux époques très-différentes; mais même que, lorsque celui d'Olendon fut en activité, on avait dû perdre le souvenir de celui du St-Quentin. En effet, bien qu'ils soient distants l'un de l'autre, à peine de deux kilomètres, il est facile de constater qu'on y a employé deux espèces de silex tout à fait différentes. L'atelier d'Olendon avait utilisé, presque sur leur gisement même, les silex du calcaire de Caen, bien reconnaissables à la patine blanche, assez épaisse, qui les recouvre au bout d'un grand nombre d'années, tandis que ceux du St-Quentin restent noirs et ne se couvrent point de patine blanche. Ces derniers proviennent sans doute de la craie, et il a fallu aller les chercher jusque dans le pays d'Auge, c'est-à-dire loin du point où l'atelier était établi.

3° Période néolithique ou des dolmens.

Nous entrons ensuite dans l'époque des dolmens, *âge du bronze et de la pierre polie.* La collection possède en crânes de cette époque :

Une moitié de tête et plusieurs fragments provenant du tumulus de Fontenay-le-Marmion (Calvados).

Une autre portion de crâne du tumulus des Hagues, commune de Brûle-Piquet (Manche).

Une tête très-complète trouvée à une assez grande profondeur, avec des débris d'un grand cétacé (globiceps), dans les alluvions de la Dives, lorsque l'on a creusé le canal de dérivation des eaux de cette rivière.

Une série de crânes recueillis dans une sépulture découverte tout près de Caen, dans une ballastière exécutée pour l'ouverture du chemin de fer de Caen à Dozulé. Des anneaux et fibules en bronze, ainsi qu'une poterie grossière et mal cuite, faite à la main et non au tour, ont été trouvés avec ces crânes et font actuellement partie de musée de la Société des Antiquaires de Normandie. On a recueilli également, dans ces sépultures, quelques débris d'ossements d'animaux, entre autres une tête de bœuf.

Des haches et quelques autres instruments en bronze, ainsi qu'une série intéressante de haches en pierre polie, accompagnent ce commencement de collection de l'époque des dolmens. Parmi ces dernières, nous devons signaler une belle hache d'assez petite taille, en pierre polie noire, provenant de la tourbe de Cesny-aux-Vignes (Calvados), donnée par M. Poussardin ; une hache en grauwacke, de Cheux, et une autre en grès, de Bagnoles (Orne), données par M. Morière ; deux haches polies très-petites, en serpentine, trouvées près d'Asnelles (Calvados). Enfin, nous devons signaler tout spécialement une magnifique hache en diorite, de grande taille et parfaitement entière, trouvée à Banville (Calvados), donnée par feu M. Le Cavelier, professeur à la Faculté de droit.

La période suivante, celle du bronze uni au fer, est représentée par un petit nombre d'instruments en bronze : haches, coins, bracelets, etc. Aucun crâne de cette période n'existe dans la collection ; mais nous devons signaler une série très-intéressante de dix-huit haches en bronze, de diverses formes, toutes retouchées par le martelage, et ce qui est plus précieux encore, les instruments mêmes en fer, qui avaient servi pour ce travail. Nous y comptons trois grosses enclumes carrées, deux marteaux en fer, des limes et une quantité d'autres outils, que l'oxydation a malheureusement rendus méconnaissables. C'était donc bien certainement un atelier, non de fabrication, l'état des objets trouvés repousse cette explication, mais bien de réparation. En effet, ces dix-huit haches, très-curieuses, d'ailleurs, par la diversité de leurs formes, le sont surtout par les marques très-nombreuses et incontestables de martelage et de travail à la lime, qu'une belle patine verte rend encore plus visibles. Les haches de bronze avaient donc incontestablement été retouchées au moyen des instruments de fer qui les accompagnaient. Ces haches et outils étaient accompagnés de trois gros lingots de cuivre, qui avaient sans doute, pour origine, la fonte des outils en bronze, qu'on jugeait ne pouvoir être réparés.

La découverte de cet atelier eut lieu, en 1877, à Escoville, village situé à 10 kilomètres de Caen. Les pièces de cet atelier ont, d'ailleurs, figuré à l'Exposition universelle de 1878, dans le palais du Trocadéro. Elles donnèrent même lieu à pas mal de discussions. Plusieurs antiquaires ne voulaient pas admettre que les instruments de fer fussent contemporains des haches de cuivre. Nous pensons qu'aujourd'hui personne ne contesterait plus cette commune origine.

Les vitrines qui suivent offrent de petites séries de pièces de provenance étrangère. Nous citerons : un moulage d'un crâne trouvé dans un tumulus à Dobriatino, près Podolsk (gouvernement de Moscou), donné par le Muséum de Paris. En pièces ethnographiques : trois belles pointes de javelot en silex et une hache en pierre polie d'Irlande, un couteau en silex scandinave et quelques pièces des habitations lacustres entre autres, une hache en pierre polie, encastrée dans son emmanchure en corne de cerf.

Les civilisations grecques et étrusques ne sont représentées que par deux pièces : un petit vase grec de l'île de Candie et un grand vase étrusque représentant divers personnages.

4° Période gallo-romaine.

Nous voyons ensuite une grande meule bien complète, provenant des environs de Rouen, et donnée par M. Morière, ainsi qu'un fragment d'une autre absolument semblable, trouvée dans la forêt de Cinglais, à 5 lieues au sud de Caen. Ces deux meules sont taillées aux dépens d'un poudingue, formé de petits galets de silex noirs roulés, que tout fait présumer avoir été extraits des environs de Neufchâtel, dans le pays de Bray. L'âge de ces meules est incertain; mais il est à croire qu'elles sont de la période gallo-romaine.

Cette dernière période est mal représentée dans notre collection ethnographique ou anthropologique. Toutefois, nous pouvons citer : une calotte crânienne, trouvée dans la mer avec des bois de cerf et divers débris de l'industrie humaine, tuiles à rebords et poteries indiquant la période gallo-romaine. Ces débris divers, recueillis par M. Lemoine-Dulomprey, ont été donnés par le Muséum. Une série de cinq crânes et deux squelettes provenant d'un cimetière gallo-romain, trouvé, il y a quelques années, à l'entrée du bourg d'Évrecy. La découverte de ce cimetière est très-intéressante au point de vue anthropologique.

Lorsqu'on ouvrit les tombes en pierre qui le formaient, on put constater que quelques-unes renfermaient un seul squelette, dont le degré d'altération des os prouvait la grande ancienneté ; d'autres tombes, au contraire, outre ces squelettes, évidemment d'origine romaine, en renfermaient d'autres, quelquefois jusqu'à trois et quatre dans un même cercueil, et dont le degré d'altération moins prononcé semble prouver qu'ils avaient été enfouis là, après coup. Les crânes provenant de ces derniers sont aussi très-différents des autres. Ceux d'origine romaine étaient minces, tandis qu'au contraire ceux du second enfouissement sont d'une épaisseur relative considérable.

A quelques kilomètres de ce point existait, pendant la période gallo-romaine, la ville capitale des Viducasses, qui fut entièrement saccagée et brûlée par les barbares, comme l'indiquent les masses de cendre qu'on rencontre tout d'abord, lorsqu'on met à nu quelques restes de cette antique cité. On a présumé que les débris humains du deuxième enfouissement provenaient des cadavres des barbares que l'on aurait enterrés là, après quelque bataille engagée dans ce lieu, et qu'on aurait, alors, utilisé une partie des tombeaux de l'ancien cimetière gallo-romain, réouverts à cet effet.

5° Période mérovingienne.

Un cimetière mérovingien fut découvert, en 1868, à Conteville (Calvados). Des pièces fort importantes, au point de vue archéologique, furent recueillies dans ces sépultures et font partie du musée de la Société des Antiquaires. Cette Société a bien voulu nous donner, pour notre collection anthropologique, six crânes entiers, qui présentent tous un même caractère très-remarquable, dans la forme de la région occipitale, qui est très-développée et forme une sorte de bosse, plus ou moins apparente, suivant les sujets. D'autres sépultures mérovingiennes ont été trouvées dans notre région, et il paraît que le même fait s'y est reproduit. Il sera utile de constater, si c'est effectivement un caractère propre au Normand mérovingien, ou si cette protubérance est simplement chose accidentelle.

La région hyperboréenne est uniquement représentée par deux bustes en plâtre de Lapons, moulés sur le vif, l'un d'homme et l'autre de femme, provenant de la collection Rayer.

II. — RÉGION AMÉRICAINE.

La partie américaine est loin d'être aussi importante qu'il serait désirable, eu égard aux nombreuses et remarquables découvertes qui ont été faites dans les diverses parties de cette vaste région. Toutefois, le Musée de Caen possède un certain nombre de crânes et d'objets d'ethnographie, se rapportant soit aux populations actuelles, soit aux diverses races qui ont occupé les deux Amériques avant la conquête espagnole.

AMÉRIQUE DU NORD.

Les vastes régions comprenant les terres du versant océanique nous offrent les objets suivants :

Buste en plâtre, moulé sur nature, représentant Zash-ka-mou-ya, guerrier yoway.

Deux crânes provenant du golfe du Mexique, appartenant probablement à d'anciens Caraïbes.

Un modèle d'une des têtes si remarquables de l'île Sacrificios, déformées par la pression sur la région occipito-frontale.

La collection ethnographique renferme :

Une pirogue (kaïk) complète des Esquimaux groënlandais, avec tout son armement, comprenant les pagayes, harpons, couteau, gourde, et le costume complet en peau de phoque. Cette pièce importante a été donnée par M. Delaville, officier de marine.

Une série peu nombreuse, mais de pièces remarquables, représente l'ethnographie des Aztèques ou anciennes populations mexicaines.

On y remarque un couteau en obsidienne, un nucléus de même substance, taillé avec une étonnante régularité, une pointe de javelot en obsidienne compacte.

La tête d'une petite statuette en terre cuite.

Un marteau en pierre avec sculpture.

Six statuettes en pierre offrant un grand intérêt.

Statuette en pierre volcanique grise, représentant Chiluca, divinité aztèque, provenant de la vallée de Mexico.

Statuette en pierre volcanique noire, représentant un guerrier aztèque, sous la forme d'une des variétés du dieu de la guerre, Huitzilopotchli.

Statuette en lave poreuse noirâtre, représentant un guerrier des anciens Colhuas (vallée de Mexico).

Statuette en lave grisâtre, des anciens Cholutecas, représentant Tlaloc, dieu de la pluie et des mers (Puebla, près Mexico).

Très-belle statuette en serpentine polie, représentant Tlacotell des anciens Tepanecas (d'Azcapazalco, Mexique).

Statuette en grès rougeâtre, très-dur et très-poli, représentant le dieu Teotl, idole de la rue, etc. (Oajaca, Mexique).

Les races du versant de l'océan Pacifique sont représentées par les objets suivants :

Un crâne koloche stakhin. Don de M. Pinard.

Id. kaniagmoute de Kadiak. Don de M. Pinard.

Id. aleoute d'Atkha. Don de M. Pinard.

Un masque en bois des Indiens de l'Amérique russe.

A la région des Antilles appartiennent quatre haches en basalte des anciens Caraïbes. L'une de ces haches provient de St-Domingue, une autre de la Martinique; enfin les deux dernières, recueillies à la Guadeloupe, ont été données par M. Morière.

AMÉRIQUE MÉRIDIONALE.

Nous possédons de la Colombie les deux belles haches polies qui sont figurées à la suite de ce travail. La plus remarquable a été donnée par M. Le Révérend, auquel nous devons également un instrument de musique des plus sauvages, formé d'une callebasse renfermant, dans son intérieur, de petits cailloux et tournant sur un manche de bois, en produisant un bruit discordant. Enfin, un arc avec un paquet de flèches complète cette petite série.

De la région du Brésil et de l'Amazone, où habitent les races guaroniennes ou américaines du versant atlantique, nous avons :

Un crâne très-complet d'une femme des Botucoudos, dont le crâne a été déprimé par la pression. A ce crâne est joint une pièce en os que, pendant la vie, cette femme portait insérée dans sa lèvre inférieure. Cette pièce remarquable a été donnée par M. le docteur Ogier Ward.

Un crâne revêtu de sa chevelure, portant une partie dénudée, arrondie, sur la haut de la tête. Les dents sont complètement détruites par l'usage du béthel. Haut Amazone.

De cette région proviennent de petites flèches empoisonnées au curare, destinées à être lancées au moyen d'une sarbacane, et une pipe en bois de bambou.

La région du Chili-Pérou, c'est-à-dire des races alpestres de l'Amérique méridionale, est surtout bien représentée.

Citons d'abord un squelette très-complet, retiré d'une momie desséchée provenant de la côte du Chili ; la forme de la tête est très-remarquable, ainsi que les proportions des membres. La momie s'étant décomposée à la longue, on a pu en retirer cependant la chevelure, qui a été conservée à part. Elle est formée de deux longues tresses disposées en arrière.

Avec cette momie se sont trouvés un squelette de jeune enfant, deux vases en terre cuite, quelques fragments d'étoffe et une portion d'arme en bois, avec traces de peinture rouge et noire.

Un crâne du Chili, don du Muséum de Paris.

Du Pérou, nous avons une belle série d'Ancon, comprenant cinq crânes, dont trois portent des traces de déformations intentionnelles profondes.

Un crâne du Pérou, hacienda de infantas.

Un modèle de tête d'ancien Péruvien, de Pachacamas.

Ces diverses pièces ont été données par le Muséum de Paris. Nous possédons également une statuette funéraire, en terre cuite et parfaitement conservée, avec son habillement très-complet et un sachet renfermant de menus objets, enfermés dans du coton, le tout provenant d'une huaca ou sépulture des anciens Péruviens, Ancon, au nord de Callao (Pérou).

Une poterie en terre cuite jaunâtre, représentant un coq sur

lequel divers dessins représentés en rouge. Ce vase, d'origine incertaine, provient de la collection Dumont-d'Urville.

A ces pièces de la région sud américaine, nous devons ajouter un paquet de flèches à pointe de silex jaunâtre et un lazzo des anciens Patagons.

Un buste représentant le médecin Charrua, rendu célèbre par les observations de Flourens sur les anciennes populations de l'Uraguay, aujourd'hui entièrement détruites.

Un modèle de crâne de chef vieux Patagon, donné par le Muséum de Paris.

III. — RÉGION AFRICAINE.

Cette partie du Musée est relativement très-incomplète, cependant nous y avons admis trois subdivisions : l'Égypte, les populations turco-arabes et la race nègre proprement dite.

ÉGYPTE.

L'ethnographie Égyptienne comprend elle-même trois subdivisions, la période des Pharaons, ou ancienne Égypte, la période ptolémaïque et la période moderne.

De la période des Pharaons nous possédons un commencement de collection comprenant :

Une momie complète avec ses bandelettes, portant l'inscription suivante : *je suis celui qu'on nomme une abeille saine*, don du Muséum de Paris, période des Pharaons, 33e dynastie; on a passé autour de son cou, un collier en émail bleu, donné par M. Hamy, et une petite statuette en porcelaine bleue donnée par M. Caillaud.

Un crâne de la même époque retiré d'une momie provenant de la collection Dumoutier et donné également par le Muséum de Paris; l'enveloppe en bois, en forme de chat, qui avait renfermé un de ces animaux momifié.

Dans une vitrine de la grande salle de zoologie sont exposés les objets suivants de la même période; linges de momies de diverses qualités, cheveux, morceau de pain, graines de blé, graines de ricin, trois statuettes en porcelaine bleue représentant des momies couchées et entourées de leurs bandelettes, la plus grande portant une inscription; tous ces objets ont été donnés par M. Caillaud.

Cette petite série d'ancienne Égypte se termine par sept pièces en bronze représentaut une tête d'ibis, un ibis marchant, un chat (probablement un Guépart), un épervier, les ailes reployées, un bœuf Apis, un disque, miroir en bronze, surmonté d'une tête d'Isis, une statuette représentant Isis tenant Orus dans ses bras, une statuette représentant Osiris assis.

La période ptolémaïque est représentée par une tête retirée d'une momie provenant de la collection Dumoutier et donnée par le Muséum de Paris.

Un fragment de mosaïque provenant de Thèbes (Haute-Égypte).

La période moderne offre plusieurs crânes intéressants.

Un crâne égyptien moderne (collection Dumoutier).

Id. métis arabo-nègre.

Id. nègre barabra.

Id. turc.

Id. nègre haut Nil.

Populations turco-arabes.

Deux têtes momifiées d'Arabes exécutés comme assassins et qui avaient été exposées sur la place du marché de Biskra ; l'une de ces têtes est celle d'un Arabe de la Mitidja, l'autre d'un Kabile de Dellys, avec mélange de race nègre. Ces deux pièces données par M. Buot de La Lande, médecin à Vire.

Un crâne d'Arabe des environs de Constantine, donné par M. Deshayes.

Les pièces ethnographiques, en petit nombre, sont une carabine et un pistolet d'arçon montés en argent ciselé, un sabre, et enfin une omoplate de chèvre portant une inscription. Ces divers objets ont été donnés par M. Eugène Deslongchamps.

Ajoutons encore trois crânes donnés par le Muséum de Paris. Ceux-ci proviennent des grottes sépulcrales des îles Canaries et appartiennent, de toute probabilité, à l'ancienne population des Guanches. Ces premiers habitants des Canaries, qui semblent être un rameau des Berbères du nord de l'Afrique, avaient l'habitude de momifier leurs morts, presque à la manière des anciens Égyptiens. Ces trois pièces sont d'un haut intérêt au point de vue anthropologique.

Deux de ces crânes ont été extraits de la grotte sépulcrale de Valle-Gran-Rey, île de la Gomère, et la troisième, de la grotte sépulcrale de Tablon, près de Letrères, île de Fer.

Race nègre ou éthiopienne.

L'anthropologie proprement dite nous fournit les pièces suivantes :

Buste de Joaquin, nègre Yébou, don du Muséum de Paris.

Crâne nègre du Soudan, collection Rayer.

Id. nègre du Congo, donné par M. Vastel.

Id. id. Lepelletier.

Id. nègre Ouélof, donné par le Muséum de Paris.

Moulage d'un crâne d'une femme boschismane, id.

Les pièces ethnographiques sont en petit nombre.

De la région de l'Afrique centrale, on peut seulement citer un vase en bois, avec anses sculptées, trois zagaies à pointe de fer et manche cannelé ; enfin, une magnifique zagaie ou lance de chef, ornée, avec trois pointes en fer et en cuivre, artistement gravées.

De la région du haut Sénégal :

Une hache en pierre polie.

Un fétiche très-curieux, représentant un homme du type nègre, sculpté avec soin et offrant, sur le ventre, un fragment de miroir en verre, sur lequel se rabat une petite pièce d'étoffe.

Ces deux objets, très-intéressants, proviennent du haut Sénégal, au-delà de la troisième cataracte, et ont été donnés par M. de Grammont, gouverneur du Sénégal.

De Madagascar proviennent un carquois en cuir bouilli, avec dix-huit flèches à pointes de fer et un arc. Une large pièce de cuir, ornée de dessins, l'accompagne. Don de M. de Magneville, fondateur et premier conservateur du cabinet d'histoire naturelle de la ville de Caen.

Un instrument de musique, formant une sorte de violon, recouvert d'une peau de serpent. Son archet.

Un tabouret en bois et deux paniers.

Quatre lances à pointe de fer.

Ces derniers objets font partie d'une panoplie placée sur le pilier gauche de la grande salle de zoologie.

IV. — RÉGION ASIATIQUE.

Cette région, très-riche en matériaux ethnographiques, dans la plupart des musées et dont les populations anciennes ou actuelles, sont si diverses et si disparates, est presque absolument nulle dans le Musée de Caen. Pas une seule pièce n'y représente les antiques civilisations assyriennes, babyloniennes, ou phéniciennes; rien également des anciens Indous. C'est évidemment l'une des plus graves lacunes du Musée de Caen.

Trois crânes seulement représentent la partie anthropologique.

Modèle en plâtre d'un crâne, type de race indo-germanique, don du Muséum de Paris.

Crâne malais, modèle, id.

Crâne d'un Maronite de Ghorta, sept lieues au nord de Beyrouth, id.

La partie ethnographique se réduit aux pièces suivantes :

Un monument funéraire indien, formé de quatre statuettes en bois peint, avec un zébu sur la partie médiane; le tout porté sur des têtes d'éléphant. Don de M. Lamare-Picquot.

L'ethnographie si intéressante du Japon n'est représentée que par une seule pièce, l'armure complète d'un guerrier japonais montée sur un mannequin.

CHINE.

Un manuscrit sur papier ;
Deux parasols;
Deux sandales d'enfant.

Un modèle très-complet et très-artistement construit d'une jonque de guerre avec tout son gréement : mâts, voiles, avirons et artillerie. Don de M. Léclancher.

Deux coquilles de nautile flambé, en forme de coupe.

Un autre nautile flambé, offrant de nombreuses gravures très-compliquées.

Deux pendants d'oreilles en forme de cuiller, en nacre de nautile flambé. Ces trois dernières pièces provenant de Formose.

V. — RÉGION OCÉANIENNE.

La région océanienne est de beaucoup la plus complète, et certaines parties offrent un grand intérêt par la diversité et la valeur des pièces soit anthropologiques, soit ethnographiques. Nous diviserons cette région par séries d'archipels ou de grandes terres.

NOUVELLE-ZÉLANDE.

Quatre pièces des plus importantes forment la partie anthropologique de cette région :

Une tête desséchée de chef maori admirablement conservée, avec toute sa chevelure. Don de M. Marc, officier de marine.

Une tête desséchée de chef maori, très-tatouée, à cheveux légèrement crépus.

Une tête desséchée de chef maori, également très-bien tatouée, mais avec la chevelure endommagée.

Un crâne retiré d'une tête desséchée d'un chef maori, donnée par Dumont-d'Urville. Cette tête est remarquable par la région frontale, dont la suture médiane a persisté jusqu'à l'âge adulte, ce qui a déterminé deux frontaux.

La collection ethnographique comprend :

Sculpture en bois extraite du bordage d'une grande pirogue de guerre.

Sculpture en bois fouillé à jour, formant la pièce d'arrière, presque complète, d'une grande pirogue de guerre.

Un taquet sculpté de la même pirogue.

Deux coffrets artistement sculptés, l'un d'entre eux garni de son couvercle. Ces cinq objets de la collection Dumont-d'Urville.

Modèle d'une sculpture de pirogue représentant une tête de chef maori. Don du Muséum.

Dans une des vitrines ont été disposées, en panoplie, les pièces suivantes :

Deux lances à pointe en bois sculpté, avec yeux en nacre bleue d'haliotide.

Deux pagaies.

Grand hameçon pour la pêche des squales.

Paquet de cordes.

Une flute en bois gravé.

Hache-casse-tête, ou patoo-patoo en os de lamantin.

Ces diverses pièces proviennent de la collection Dumont-d'Urville.

Enfin, la même vitrine renferme un magnifique manteau ayant appartenu à un grand chef. Ce manteau, en lin de la Nouvelle-Zélande (*Phormium tenax*), est orné d'une multitude de houppes pendantes, noires.

Une seconde étoffe en *Phormium tenax*, plus fine encore, servant de pagne également pour un grand chef.

Ces deux belles pièces ont été données par M. Marc, officier de marine.

Dans une autre vitrine sont disposés des objets plus petits également d'une grande valeur.

Deux grands hameçons en bois, six petits hameçons en nacre, un ornement de cou formé d'incisives humaines, deux magnifiques patoo-patoos, en dolérite polie.

Une amulette en jade vert, offrant la représentation d'une femme, dont les membres sont violemment rejetés de côté, et d'une tête grimaçante énorme, avec deux yeux en nacre bleue d'haliotide.

Un oreiller en bois de Casuarina ; enfin, un sceptre sculpté extrait d'une côte de lamantin. Tous ces objets provenant de la collection Dumont-d'Urville ont été, pour la plupart, représentés dans l'atlas du voyage de l'*Astrolabe*.

ARCHIPEL D'OTAÏTI.

La collection anthropologique comprend onze crânes d'hommes, femmes et enfants, ainsi qu'un squelette d'un vieux chef, recueillis par M. Deplanches.

La collection ethnographique est d'une grande valeur par la beauté et la rareté des objets qui la composent. On y remarque parmi les pièces les plus importantes :

Une pagaie de grand chef, de près de 2 mètres de long, admirablement sculptée dans toutes ses parties, élégamment cambrée dans sa partie moyenne; le manche, sculpté dans toute sa longueur, se termine par une frise, également sculptée et ornée, sur tout son pourtour, de nombreuses têtes humaines en relief. Collection Dumont-d'Urville.

Deux bâtons de commandement, dont l'un a l'aspect d'une canne, le second en forme de lance, sculptée à l'une de ses extrémités et représentant des têtes humaines en relief, suivant le même mode que celui de la pagaie mentionnée ci-dessus. Collection Dumont-d'Urville.

Trois herminettes en pierre dure polie (dolérite), dont les manches, en bois rougeâtre, sont admirablement sculptés; les pierres sont fixées à l'aide de cordes fines, disposées avec une grande élégance.

L'une de ces herminettes est à manche large et court, formé de parties évidées, minutieusement sculptées.

La seconde et la plus grande offre un manche carré, avec sculptures en forme d'étoiles, évidées, rapprochées, disposées symétriquement dans toute sa longueur.

La troisième, qui provient d'un don de M. Marc, officier de marine, est ornée d'un manche de même forme, mais d'un travail moins fini, ou plutôt exécuté avec des instruments moins tranchants que les deux premières. Cette troisième est évidemment plus ancienne que les deux premières.

Une parure de tête de jeune femme, faite d'une tresse en paille d'une très-grande élégance, en forme de torsade, avec deux fleurs en avant.

Un collier de jeune femme, artistement fabriqué, avec des perles rougeâtres et des cordes minces, avec des effilés très-élégamment disposés, en parties retombant sur la poitrine. Collection Dumont-d'Urville.

Un chasse mouche en cordes très-fines et d'un travail très-délicat. Collection Dumont-d'Urville.

Une planchette garnie d'une peau et portant une série nombreuse d'hameçons en bois et en nacre, de diverses formes et grandeurs. Collection Dumont-d'Urville.

Une série de nattes et de paniers.

Une gourde à goulot, peinte en rouge, ornée de cordes entrelacées, provenant de l'archipel des Wallis. Don de M. E. Deplanches.

ARCHIPEL DES MARQUISES.

L'anthropologie de cet archipel est représentée par cinq têtes recueillies par M. E. Deplanches pendant son séjour à Noukahiva, la plus grande partie d'un squelette d'un vieux chef kanaque fait également partie de cette collection.

La partie ethnographique est plus importante encore. Nous y trouvons les pièces suivantes, qui sont disposées dans une des vitrines de la salle de zoologie.

Deux oreillers de forme très-différente.

Parure de tête de chef kanaque, en plumes de paille en queue, dressées en forme d'aigrette; des cheveux humains noirs, montés en tresse, garnissent la base de cette parure.

Hausse-col de chef, en plumes de coq, deux exemplaires.

Ornement de genou en cheveux humains.

Un filet.

Trois bâtons de commandement, ornés chacun d'une pomme en cheveux humains tressés; l'un de ces bâtons offre, en outre, une ganse brodée finement, représentant des personnages, en noir sur fond rougeâtre.

Une longue massue terminée de façon à former une sorte de crâne; cette massue, gravée de place en place, de nombreuses représentations de Tiki, la divinité la plus marquante de l'archipel.

Hausse-col en plumes de coq, les gorgerettes terminées par des dents de cétacés globiceps.

Parure de tête en plumes de coq.

Petite statuette en pierre dure, rougeâtre, représentant un Tiki debout.

Un éventail en cordages, d'un tissu très-fin.

Deux pilons en basalte, pour la préparation de la kava.

Couronne de tête de chef de la tribu des Hapas, formée d'éléments disposés alternativement en coquille de tridacne soigneusement polie, et de carreaux d'écaille de tortue représentant chacun un Tiki.

Parure de tête en cheveux humains blancs, montés par petites parties, sur des cordes finement tressées.

Deux larges parures d'oreilles ou de joues, en coquilles d'huîtres perlière ou méléagrine.

Gorgerette montée de dents de cétacé.

Deux boucles d'oreilles montées chacune sur un petit mandrin en os, portant à son extrémité une représentation du dieu Tiki.

Une fausse barbe, en cheveux noirs frisés, montés par petites parties, sur des cordes finement tressées.

Grand hameçon en nacre d'huître perlière.

Deux cubitus humains sculptés en têtes de Tiki.

Une trompe de guerre formée d'une coquille de Triton percée d'un trou.

Un modèle d'une tête de porc, presque de grandeur naturelle, sculptée dans une pierre volcanique poreuse, qui avait fait partie d'un moraï, ou cimetière kanaque, l'original appartenant au Musée de Cherbourg.

Modèle d'un grand Tiki, dont la tête est de la grosseur d'une tête humaine, sculpté également dans une pierre poreuse volcanique rougeâtre. L'original de cette pièce, qui faisait également partie d'un moraï, est tiré de la collection de M. E. Jardin, commissaire de la marine, à Rochefort.

ARCHIPEL DES TONGA.

Aucune pièce de la collection ne représente l'anthropologie des Tonga, mais le Musée possède un buste en plâtre de Tou-Talao, naturel de Falé-ata (archipel Samoa).

La partie ethnographique est des plus remarquables, la plupart des pièces qui la composent proviennent de la collection Dumont-d'Urville, et ont été figurées dans l'atlas du voyage de l'*Astrolabe*.

Une première vitrine renferme les objets suivants :

Dix hameçons de diverses formes en nacre, os ou écaille, grands et petits, montés.

Un éventail en tresse, travail assez grossier.

Cinq colliers divers en coquilles.

Deux oreillers en bois de Casuarina.

Un arc et un paquet de zagaies.

Au-dessous de cette vitrine, une très-belle panoplie, formée d'armes remarquables, renferme les objets suivants.

Un grand vase en bois pour la préparation de la kava.

Un petit filet fin, très-complet, avec une bordure de coquillages, pour remplacer les plombs. Ce filet est destiné à la pêche des petits crustacés.

Dix-neuf armes dont la plupart sont magnifiques ; on y remarque entre autres, un grand bâton de commandement en bois de casnarina, pouvant servir de casse-tête, dont l'extrémité, échancrée profondément de façon à représenter plusieurs grosses côtes, est en outre incrustée de dessins en os poli de lamantin, représentant des étoiles et le croissant de la lune.

Une belle pagaie, également en bois de casnarina, avec deux pointes latérales, est également incrustée d'ornements de même substance et offrant les mêmes dessins. Ces deux armes ont appartenu probablement au même chef.

Plusieurs bâtons de commandement, courts et épais, soit de forme cylindrique, soit terminés en pomme arrondie, sont formés d'un bois blanc très-dur et artistement sculptés d'un bout à l'autre.

Il en est de même d'un autre bâton de commandement beaucoup plus long, en forme de lance.

Plusieurs pagaies en bois dur, blanchâtre, avec des arabesques très-multipliées, soit simplement gravées en creux, soit en outre peintes en rouge, ou en noir.

Quatre marteaux en bois, de forme allongée carrée ou arrondie pointue, pour battre les étoffes.

Deux grandes pièces d'étoffe, en écorce de tapa, l'une blanche avec des dessins en forme de damier noir, et représentations d'astres, lune en croissant et étoiles ; la seconde de ces étoffes est blanche, avec des dessins et des lignes entrecroisées, représentant grossièrement une hutte et un arbre.

ARCHIPEL DES ILES SANDWICH.

Les pièces d'anthropologie et d'ethnographie provenant des îles Sandwich, aujourd'hui ultra-civilisées, sont fort rares dans les collections, et il est presque impossible de s'en procurer. Le Musée de Caen possède toutefois une pièce très-curieuse de Hawaï. C'est la paire d'ornements de genou que portaient les anciens habitants de ces îles, telle qu'elle est représentée dans le voyage de Kook, sous la figure d'un naturel des îles Sandwich dansant. Cet ornement de genou est formé d'une tresse en corde, dure et solide, sur laquelle sont disposées des coquilles de natices sur un grand nombre de rangs. Les casques et manteaux en plumes de souï-manga rouges et jaunes, que portaient les anciens chefs des Sandwich, sont devenus aujourd'hui excessivement rares.

ARCHIPEL DES CAROLINES ET MARIANES.

Aucun crâne, appartenant à ce groupe d'îles, n'existe dans la collection. L'anthropologie n'y est représentée que par un buste, moulé sur le vif, de Faustino Tchargualoffe, d'Umata, île Gouham.

L'ethnographie, beaucoup plus complète, nous offre les objets suivants, disposés dans deux des vitrines de la grande salle de zoologie :

Trois peignes de chefs Carolins, dont l'un est surmonté de la représentation d'une pirogue mobile sur son attache, avec pendeloques en verroterie.

Une herminette et une hache, de grande taille, taillées aux dépens d'une coquille de tridacne, à manche allongé et mince, recouvert, ainsi que les cordes qui les attachent, d'une couleur rouge d'ocre foncée. Ile Gouaham. Collection Dumont-d'Urville.

Une petite herminette, taillée aux dépens d'une coquille de mitre. Même localité.

Trois grandes lances barbelées et sculptées, d'un travail délicat.

Deux flèches sculptées.

Trois zagaies en bois très-léger, emmanchées à leur extrémité d'une pointe de raie myliobate. Arme dont la piqûre est très-dangereuse.

Deux cordes en fil de coco.

Dans une autre vitrine, au-dessous de la première, sont disposées les pièces suivantes :

Ceinture de femme en cordage grossier, rougeâtre.

Deux coffrets, probablement des cercueils d'enfant, avec leurs couvercles.

Un grand vase en bois verni.

Trois paquets de gros cordages peints en torsade noire et rouge.

Quatre pièces d'étoffe pour pagnes, avec dessins rouges, blancs et noirs.

Un panier en disque aplati, un autre en forme de cabas, avec lignes noires, blanches et rouges.

Enfin, une panoplie, ornant l'extrémité d'une des vitrines de la grande salle, renferme les objets suivants :

Trois grandes pagaies en bois léger, blanchâtre.

Chapeau d'homme en tresse.

Cordage d'ornement.

Perchoir à perroquet en bambou.

Fronde et un panier en corde, d'un travail très-soigné.

Dix zagaies et deux arcs.

Deux lances simples, en bois blanc, épaisses et allongées, une grande foine à trois dents.

Tous ces objets provenant de la collection Dumont-d'Urville.

ARCHIPEL MALAIS.

Crâne de l'archipel malais, modèle en plâtre. Don du Muséum de Paris.

Un petit nombre d'objets disposés dans une des vitrines de la grande salle de zoologie et sur deux panoplies de la même salle, proviennent de l'archipel Malais et font partie, pour la plupart, de la collection Dumont-d'Urville.

Trois chapeaux très-remarquables : le premier ayant la forme d'une sorte de parasol, avec une pointe en bois au sommet et garni de parures en coquillages ; un autre chapeau de guerrier malais, formant une sorte de casque demi-métallique, surmonté d'un panache en crins gris de la queue d'un cheval ; enfin, un chapeau très-léger en tresse.

Trois grandes pagaies.

Cinq lances et six zagaies.

Dix-neuf zagaies et flèches diverses.

Un poignard à deux branches, formé de deux cornes d'antilope, contournées en spirale et terminées par une pointe en fer dilatée et tranchante sur les bords.

Quatre kriss malais à lames d'acier, forme flamboyante.

Deux sabres d'acier, avec emmanchure très-ornée.

Un bouclier.

Une parure de tête d'un chef de l'île Rawack.

Une boîte à bétel en bambou, avec arabesques finement gravées.

ARCHIPELS DIVERS.

Nous devons maintenant mentionner une foule de pièces dont la provenance n'est pas toujours certaine. Quelques-unes ont une réelle importance.

Ile Gambier.

Buste en plâtre représentant Ma-pou-ma-Tekao, insulaire d'Aokena, dans les îles Gambier.

Une grande pagaie de commandement, servant au besoin de gouvernail, pour une grande pirogue. De la collection Dumont-d'Urville.

Iles de l'Amirauté.

Quatre zagaies ou lances, terminées chacune par une pointe en obsidienne taillée.

Une autre lance, terminée de même en pointe d'obsidienne, mais avec une emmanchure ornée de perles en verroterie et attachées avec des cordes teintes en rouge et en blanc.

Deux gros anneaux de jambe de chef, en coquille de tridacne.

Une ovule blanche, ornement de chef.

Ile de Vanikoro.

Un arc et huit flèches.

Une parure de cou, avec une ovule blanche.

Un disque suspendu, en coquille de tridacne.

Une amulette en forme de disque étoilé, en coquille de tridacne.

Tous ces objets proviennent de la collection Dumont-d'Urville.

ARCHIPEL DES FIDJI.

Buste en plâtre représentant Kuilter, chef à Lebouka, dans l'île d'Obalaou, archipel des Fidji.

Les objets suivants sont exposés dans une des vitrines de la grande salle de zoologie :

Une hache en pierre noire, montée en forme d'herminette, à manche court.

Une autre hache de même forme, non montée.

Un poignard en bois dur, avec manche garni en peau de raie chagrin.

Un petit casse-tête noir, artistement sculpté.

Une navette montée, terminée par une corde avec deux canines de chien.

Deux bracelets en verroterie noire et blanche, formant des dessins en forme de losanges.

Deux colliers en verroterie alternativement blanche et noire.

Ornements de jambes et de bras en perles noires, alternant avec d'autres rouges et blanches.

Un vase en terre cuite rouge, offrant la forme d'une sorte de bateau, orné de guillochures grossières.

Une panoplie, disposée sur une des extrémités des vitrines de la grande salle de zoologie, renferme les objets suivants :

Quatre petits casse-tête à main, en bois de casuarina ou

bois noir, à manche court, ornés de dessins en zigzag et terminés en boule simple, ou à côtes, à l'autre extrémité.

Six grands casse-tête, dont deux aplatis, offrant la forme d'une sorte de crosse, garnie de petites parties saillantes rondes, disposées symétriquement. Deux autres, à extrémité recourbée, terminée en une sorte de pomme, hérissée de nodosités, d'où sort enfin une grosse pointe latérale.

Seize zagaies simples et deux arcs.

Trois grandes lances barbelées à l'extrémité.

Une grande et magnifique pièce d'étoffe écorce de tapa, représentant un damier rouge et blanc.

Tous ces objets provenant de la collection de Dumont-d'Urville.

Une pièce d'étoffe noire en écorce de tapa.

NOUVELLE-BRETAGNE ET NOUVELLE-IRLANDE.

Huit hameçons en écaille.

Hausse-col de chef, sculpté en coquille de tridacne.

Instrument indéterminé, également en coquille de tridacne.

Bague en coquille de tridacne.

Une petite pièce d'étoffe noire.

Une portion de filet en tresse noire.

ILES SALOMON.

Crâne d'une jeune fille de l'île Sandwich, provenant du massacre de l'habitation Bérard, qui eut lieu à la Nouvelle-Calédonie, le 13 janvier 1857. Coup de hache sur le pariétal. Collection Deplanches.

Buste en plâtre représentant Sambo, natif de Opiti (archipel Salomon).

Buste en plâtre représentant Kakaby, de Toi-Toi, île Isabelle (archipel Salomon).

Une grande quantité de pièces intéressantes, mais dont la provenance n'est pas certaine, faisaient partie de la collection Dumont-d'Urville. Ce sont les suivantes :

Sculpture en bois représentant un crocodile, avec traces de peinture blanche, rouge et bleue.

Un collier en mâchoires de roussettes.

Une hache en serpentine noirâtre, polie, allongée, non montée.

Cinq vases en bois noir ou rouge.

Un bâton de commandement aplati, en forme de pagaie triangulaire, à sa partie inférieure et orné d'une touffe de plumes blanches, à son autre extrémité.

Onze armes diverses, casse-tête et pagaies.

Une pagaie très-ornée triangulaire, aplatie à l'une de ses extrémités, avec manche sculpté, représentant la tête d'un guerrier, surmontée d'une sorte de casque triangulaire. Sur la partie aplatie de l'autre extrémité se voit la représentation grossière d'une tête, avec deux parties arrondies noires, pour former les yeux. Cette pagaie est peinte en trois couleurs : rouge, noire et blanche.

Un casse-tête forme de sabre plat, à double tranchant, en bois de casuarina, avec une emmanchure en natte excessivement fine, à dessins très-finis.

Quinze flèches.

Une grande panoplie, disposée au-dessus de la collection des Trochilidés de la grande salle de zoologie, contient également les objets suivants :

Bouclier en carapace de tortue marine.

Cinq pagaies sculptées, avec dessins variés.

Deux petits casse-tête.

Deux sabres en bois noir.

Douze zagaies.

Deux lances simples, avec raies peintes en rouge, en blanc et en noir.

Une grande foine, à trois longs bras, faisant partie d'une panoplie disposée sur le pilier droit de la grande salle de zoologie.

Tous ces objets proviennent de la collection Dumont-d'Urville.

NOUVELLE-CALÉDONIE.

Partie anthropologique.

L'archipel calédonien, comprenant la Grande-Terre et les îles Loyalty, est, sans contredit, la mieux représentée de toutes les régions du Pacifique, au double point de vue anthropologique et ethnographique.

M. E. Deplanches, auquel nous devons ces collections, avait séjourné, dans cette île, pendant plus de dix ans, au début de la colonisation. Il put ainsi rassembler une foule d'objets qu'il serait impossible de retrouver aujourd'hui. Aidé dans ses recherches par son ami, M. Vieillard, il a parcouru la Grande-Terre dans tous les sens, du sud au nord et de l'est à l'ouest, et visité la plus grande partie des petits ilots, l'île des Pins, l'île Nu, Hugon, etc., etc., ainsi que Lifu, la plus grande des Loyalty. Explorant avec soin les anciens moraïs, il a pu se procurer des crânes appartenant à la race calédonienne, pure de tout mélange européen, et, ce qu'il y a de plus précieux, à plusieurs tribus aujourd'hui complètement détruites.

E. Deplanches rassembla ainsi plus de deux cents crânes de toutes les parties de l'île. A son retour en Europe, plusieurs collections se sont enrichies des libéralités de Deplanches, qui conserva toutefois les pièces les plus importantes, au nombre d'environ cent cinquante.

Notre collection actuelle a été triée dans cet ensemble et se monte aujourd'hui à soixante exemplaires. Le reste fait partie de la collection anthropologique du Muséum de Paris.

Vingt-cinq de ces crânes proviennent de Lifu, la plus grande des Loyalty.

Les autres appartiennent à la Grande-Terre et se rapportent : neuf à la tribu de Poébo, onze à Kanala, deux de Balade ou de la tribu de Manewata, qui fut complètement exterminée, après un de ces massacres fréquents dans l'histoire de ces féroces peuplades.

Parmi les autres crânes, plusieurs sont asymétriques, circonstance que Deplanches explique par l'habitude des oreillers de bois ; mais comme ces mêmes crânes sont remarquables aussi par les nombreux os wormiens qu'ils présentent, il se pourrait que ce défaut de régularité ait tenu à quelque cause plus profonde. Plusieurs des têtes sont intéressantes à divers titres. L'une d'elles appartient à une femme qui a été cuite et mangée par les naturels. D'autres montrent de curieux exemples de blessures récentes ou anciennes, occasionnées soit par des pierres de fronde, soit par des coups de haches en pierre. Enfin, d'autres présentent des ravages véritablement épouvantables causés par la syphilis.

Deux de ces crânes se sont montrés remarquables par des sutures insolites des os de la tête : le premier, par la non-soudure des deux frontaux, sur la ligne médiane ; le second, par une anomalie que l'on a signalée bien rarement, à savoir la division en deux de l'os pariétal. Malheureusement ce dernier a été perdu ou peut-être dérobé dans notre collection, sans qu'il ait été possible d'en retrouver la trace.

A ces diverses pièces anthropologiques il convient d'ajouter le squelette entier d'une femme qui avait été mangée, deux bassins, l'un d'homme, l'autre de femme, un maxillaire inférieur isolé, d'une force et d'une grandeur énormes. Enfin, un certain nombre d'os isolés.

Partie ethnographique.

Les collections ethnographiques sont non moins importantes.

Sculptures.

Signalons d'abord une série nombreuse de sculptures en bois, réparties dans plusieurs panoplies, disposées sur divers points de la grande salle de zoologie. Parmi ces sculptures, plusieurs étaient destinées à l'ornementation des cases des chefs, soit à l'extrémité supérieure, soit en placage, au-dessus des portes de ces édifices.

Deux de ces sculptures sont surtout curieuses : l'une d'elles représente un chef debout, une autre dans la position accroupie.

Six autres sculptures en bois de sandal, représentant une tête de mort, les autres des naturels nus, hommes et femmes. L'une d'elles offre la figure d'un enfant dans une sorte de berceau, une autre un chef, coiffé du chapeau à haute forme, en tresse noire.

Quatre masques de guerre ou piloo-piloos, dont deux complets, avec leur immense chevelure, en forme de pain de sucre, la barbe en cheveux naturels et le manteau formé de plumes de pigeon goliath.

Armes.

Les armes sont en nombre considérable.

Nous y voyons environ une cinquantaine de longues zagaies. La plupart sont simples et longuement effilées, d'autres offrent de petites barbelures ou des sculptures variées. Quelques-unes sont élégamment montées, vers leur milieu, d'une pièce de bois recouverte d'un treillis très-fin, en étoffe, pour placer la main. Cette espèce de poignée est compliquée en dessus et en dessous d'une garde simple ou double, formée d'une torsade soit en fil de poil de roussette, soit en laine rouge ou blanche.

Ces zagaies sont accompagnées de l'instrument en tresse plus ou moins ornée, nommé lance-zagaie, qui sert aux naturels à lancer vivement la zagaie horizontalement, après avoir introduit l'index dans un trou préparé, à cet effet, à l'une des extrémités du lance-zagaie.

On voit dans les planches du voyage d'Entrecasteaux la représentation d'un naturel de la Nouvelle-Calédonie lançant ainsi la zagaie au moyen de cet instrument.

La même vitrine nous offre encore quatre frondes en corde, montées, avec leur pierre de fronde, prête à être lancée.

Trois sacs à pierre en cordage, destinés à être placés autour du corps, et un grand nombre de pierres de fronde en serpentine ou talcschiste, arrondies en leur milieu et apointies, par le polissage, à leurs deux extrémités.

Parmi les autres armes de guerre, nous devons signaler dix-huit casse-tête en bois, de formes très-diverses et quelques-uns très-curieux. Trois en forme de tête d'oiseau, avec un long bec pointu et acéré, pouvant servir à la fois d'arme offensive très-dangereuse ou d'un instrument à piocher la terre. Un casse-tête en forme de hache tranchante (voir les planches de d'Entrecasteaux), d'autres à extrémité étoilée, etc., etc.

La plupart de ces armes, ainsi que les piloo-piloos, les sculptures et même une partie des ceintures de chef, sont réparties sur quatre panoplies, disposées en divers points de la grande salle de zoologie.

Quinze haches en pierre polie, complètent cette série d'armes de guerre.

Deux d'entre elles, à emmanchure perpendiculaire, avec manche orné, sont en jade vert d'un magnifique poli. La plus grande, ayant la forme d'une large ellipse, de plus de 2 décimètres de largeur, est surtout remarquable par sa beauté et la finesse de son tranchant.

Une autre en dolérite, curieuse par sa monture en forme de rabot à main, était évidemment un instrument destiné à fouiller la terre. Les autres, non montées, sont en jade, en dolérite, ou en serpentine. La plus grande, d'une forme légèrement triangulaire, est en jade vert foncé; son tranchant est d'une finesse et d'un poli admirables.

Pièces diverses.

Les autres pièces sont des objets de parure ou des ustensiles appropriés à divers usages.

Parmi les parures nous voyons :

Un chapeau de chef, en tresse de toile grossière noire, en forme de tuyau cylindrique, ouvert à ses deux extrémités; une torsade en feuilles de lycopode forme le rebord. Le tout est complété par un panache de plumes blanches, extraites de la queue d'un coq.

Dix bracelets en coquilles taillées, soit de *cônes*, soit de grand *Trochus niloticus.*

Six peignes de chef en bambou.

Deux colliers en peau de serpent de mer soufflée.

Un collier en grosses perles de jade poli et percées d'un trou pour le passage du fil.

Un autre collier en perles de corne.

Une nombreuse série de pièces noires ou blanches en

effilé, pouvant s'enrouler plusieurs fois autour du corps, destinées à la parure des chefs.

Deux tabliers en effilé de lanières allongées, de paille ou de plante marine, destinés à recouvrir la partie postérieure des femmes.

Un paquet de cordes en fil de coton.

Les instruments divers comprennent :

Deux longs bâtons de bambou bizarrement gravés, l'un représentant une pêche exécutée en grand et divers personnages, l'autre offrant la représentation de l'occupation de la Nouvelle-Calédonie par les Français. On y voit des hommes et des femmes calédoniennes, un chef coiffé du chapeau et portant une hache sur l'épaule, des soldats de marine avec leurs fusils; enfin, le commandant de la colonie avec sa femme et ses deux filles.

Deux vases en callebasse garnis de dessins, l'un avec une anse.

Un vase en terre cuite, portant au pourtour de son ouverture une ganse ornée de trois têtes humaines grossièrement représentées.

Cinq paniers quadrangulaires tressés à jour, pour la pêche des crustacés.

Quatre autres paniers de diverses formes, en tresse et en natte de cocotier.

Quatre grandes nattes destinées à tapisser l'intérieur des cases.

Une boîte formée d'un coquillage (trochus), dont l'ouverture est fermée à l'aide d'un bouchon en moelle de végétal.

Un attache amarre, pour une pirogue, en corde artistement tressée et portant en houpe les couleurs nationales françaises, rouge, blanc et bleu, représentées par des portions d'étoffes européennes.

Deux charmants modèles de pirogue simple, à balancier et de pirogue à double corps, en bois de sandal, munies de tout leur gréement, mâts, cordages, voiles et pagaies.

Cinq fétiches des plus curieux terminent cette remarquable collection : deux sont simplement des pierres percées d'un trou et portant dans leur intérieur des herbes sacrées. Ces fétiches doivent guérir par la simple apposition sur le ventre des malades.

Les deux autres fétiches sont en pierre brute, représentant grossièrement un pénis, dont l'un à l'état normal et l'autre avec les bourses tuméfiées. Ce dernier est employé pour combattre, paraît-il, les maladies vénériennes. Ces objets curieux montrent le rôle toujours considérable que jouent les organes de la génération dans les préoccupations des peuples sauvages.

Enfin, un objet d'un haut intérêt est une bourse calédonienne, se repliant par enroulement et fermée par une attache, qui se noue par dessus. Cette bourse renferme, dans son intérieur, de très-fines verroteries et de petits poissons en nacre qui constituaient, avant l'arrivée des Européens, une sorte de monnaie de haut prix, pour l'achat et l'échange.

NOUVELLE-GUINÉE.

La Nouvelle-Guinée n'a guère été explorée d'une manière très-sérieuse que dans ces dernières années ; mais aujourd'hui elle est bien connue, et les productions de toute nature de sa riche et remarquable faune se voient dans tous les musées. Les pièces ethnographiques appartenant aux diverses races d'origine, soit mélanésienne ou papoue, soit malaisienne, qui habitent ce grand archipel, sont encore assez rares dans les collections. Nous possédons un assez riche matériel de pièces provenant de la collection Dumont-d'Urville et qui ont été recueillies dans ses trois voyages. Le plus grand nombre proviennent du havre Doréï et probablement à la suite de l'engagement qui eut lieu entre l'*Astrolabe* et les naturels du pays ; mais quelques autres ont été recueillis dans les petites îles du détroit de Torrès et sont les plus curieuses.

La partie anthropologique, très-pauvre, ne renferme aucun crâne et se borne au buste de Kaour, naturel de l'île Toud, dans le détroit de Torrès.

Nous possédons également de cette île, un masque de guerre très-curieux, qui a été figuré dans la relation du voyage de Dumont-d'Urville au pôle sud. Ce masque représente grossièrement la forme d'une tête de crocodile, avec une double rangée de dents pointues. Il est entièrement formé d'écaille de tortue marine, peinte en rouge foncé. Une écuelle en bois, portée sur trois pieds, provient également de l'île Toud.

Une élégante panoplie, disposée en face de la grande cage en verre de la grande salle de zoologie, renferme les objets suivants qui proviennent tous du havre Doréï :

Trois grandes pagaies en bois noir sculptées.

Deux sceptres, dont l'un orné de plumes de l'oiseau lyre.

Deux arcs.

Trois lances avec parties sculptées.

Dix-huit flèches ou zagaies.

Une sculpture de frise représentant une forme humaine.

L'une des vitrines de la même salle renferme, en outre, les pièces suivantes :

Une magnifique hache d'apparat, en jade, d'une grandeur et d'un travail admirable, avec sa monture en bois, curieuse par son grand développement, provenant de l'expédition du *Chalinger*. Cette hache avait évidemment appartenu à un grand chef.

Deux grandes pagaies sculptées, offrant, sur leur poignée, des représentations de figures humaines.

Une petite pagaie.

Trois peignes simples, pour placer comme ornement dans la chevelure des chefs.

Quatre autres peignes à deux et à quatre dents.

Cinq zagaies ornées et sculptées.

Deux grandes lances terminées par une pointe large et évasée en forme de triangle, ornées de sculptures et garnies à la hampe de plumes de l'oiseau lyre.

Un oiseau sculpté en bois, de l'île de Rawack et figuré dans la relation du voyage de l'*Astrolabe*.

Enfin, une parure en crins de sanglier hérissés, destinée à surmonter la tête d'un chef.

Tous ces objets, sauf la hache du *Chalinger*, font partie de la collection Dumont-d'Urville.

AUSTRALIE ET TASMANIE.

Notre collection anthropologique australienne se compose seulement de deux modèles de crânes australiens, donnés par le Muséum de Paris, et des bustes de Sines et Menalarguerna, tasmaniens.

Dans une des vitrines de la grande salle de zoologie se voient les instruments suivants, qui proviennent de la collection Dumont-d'Urville et qui ont été figurés soit dans le voyage de l'*Astrolabe*, soit dans le voyage aux terres australes :

Instrument fort curieux ayant la forme d'une longue latte, avec poignée à une extrémité et offrant à l'autre une sorte de petit taquet pointu sur lequel s'emmanche l'extrémité de la zagaie. Cet instrument est destiné à lancer la zagaie, qui retombe ensuite verticalement.

Huit zagaies destinées à être lancées avec l'aide de l'instrument précédent.

Trois instruments en éclats de pierre brute, reliés à un manche en bois au moyen d'une masse résineuse.

De ces instruments, l'un est monté en hache dont le tranchant et la tête sont formés de deux pierres différentes absolument brutes.

Le second, monté également sur un manche en bois, offre un simple éclat de silex pointu anguleux et devait faire l'office d'une sorte de râcloir.

Le troisième est monté sur le même système, mais avec trois fragments de silex ; c'est évidemment une scie grossièrement faite et qui devait produire peu d'effet. Ces trois outils sont tout ce que l'on peut imaginer de plus grossier comme exécution.

Un ornement de cou formé d'un chapelet de coquilles d'un petit troque, dénudées de leur enveloppe extérieure, au moyen d'une substance acide, de façon à faire paraître la nacre qui est bleue, à reflets verts.

Enfin, une panoplie disposée en face de la vitrine des oiseaux, comprend les objets suivants :

Deux petits boucliers de main, avec dessins en zigzag alternants rouges et blancs.

Deux sabres en bois Boomerang.

Un casse-tête à forme appointie.

Quatre zagaies ou lances barbelées d'un côté seulement.

Une foine très-grossièrement exécutée.

NOTE SUR DEUX PIERRES POLIES DE LA COLOMBIE.

Nous terminons cet aperçu de la collection ethnographique du Musée de Caen par la description, avec figures, de deux haches en pierre polie, d'une très-belle exécution, provenant des anciennes peuplades sauvages, qui habitaient la Colombie, avant la conquête espagnole.

La première de ces haches, donnée par M. Vieillard, est de petite taille; elle mesure 7 centimètres de long sur 37 millimètres de large.

Cette pièce, d'un quartzite noir verdâtre, excessivement dur et à grains serrés, offre l'apparence de veinules obliques, d'une couleur plus claire, démontrant l'origine sédimentaire de la roche qui l'a formée.

Polie avec un grand soin, elle est d'une forme symétrique irréprochable, avec un talon légèrement appointi-arrondi et tranchant très-vif, amené par un travail de polissage savamment combiné, de façon à obtenir une courbe arrondie, très-régulière dans toutes ses parties, amenée progressivement et sans aucun ressaut, vers sa partie inférieure.

Cet instrument offre la plus grande analogie de forme avec les haches, dites celtiques, que l'on rencontre dans toutes les parties de l'Europe, pendant la période des dolmens, et si M. Vieillard ne nous avait positivement affirmé l'origine colombienne de cette pièce, nous l'aurions certainement classée comme pierre polie européenne.

Notre planche représente cette hache, fig. 1, vue de face; fig. 2, vue de profil, et fig. 3, vue par le tranchant.

La deuxième, beaucoup plus belle encore, mesure, en longueur, plus de 15 centimètres, sur une largeur de 8 centimètres à son extrémité tranchante, avec une épaisseur régulière de 12 millimètres.

La forme, d'une régularité absolue, est celle d'une hache ordinaire, aplatie dans toute sa longueur, s'élargissant peu à peu et progressivement, jusqu'à sa partie inférieure, qui se termine par un tranchant convexe, régulièrement amené, de chaque côté, par un biseau suivant régulièrement la coupe de la tranche. Les extrémités latérales sont coupées perpendiculairement à vive arête, en offrant, de chaque côté, une surface légèrement concave d'arrière en avant. La portion répondant à la tête de la hache est également coupée perpendiculairement à vive arête et offre un profil très-régulier, suivant une surface convexe.

Cette hache est formée d'une pierre excessivement dure, noir verdâtre, offrant en certains points de légères taches d'un rouge foncé, mal délimité, qui semble former des veines très-irrégulières. En regardant à la loupe le grain de la pierre, elle se montre formée d'une pâte d'un noir verdâtre, avec une multitude de petits grains amygdalaires, un peu moins foncés et de veinules rougeâtres ou roussâtres, très-irrégulières et mal délimitées. L'aspect est donc celui d'un mélaphyre ou trapp noirâtre, et semble indiquer une origine plutôt ignée que sédimentaire.

Le poli de cette magnifique pièce est parfait dans toutes ses parties. Elle a été exécutée avec un grand soin et très-finement travaillée; elle appartenait évidemment à quelque chef d'importance.

Cette hache, trouvée à Guiraca, ancien village d'Indiens avant la conquête espagnole, a été donnée au musée ethnographique de la ville de Caen par M. le docteur S.-P. Révérend, qui a, pendant longues années, habité la Colombie et auquel nous devons un certain nombre d'autres pièces importantes.

La fig. 4 de la planche représente cette hache vue de face et fig. 5 vue de profil.

www.ingramcontent.com/pod-product-compliance
Ingram Content Group UK Ltd.
Pitfield, Milton Keynes, MK11 3LW, UK
UKHW021950260726
13994UKWH00004B/1645